AF227131

Juillet 1872

M. le général FREMONT   M
Président,   *Rapporteur*,

M. le Commandant SIMONNOT, *Commissaire du Gonvernement*
PHILIBERT, *greffier*.

MÉMOIRE

POUR

MAXIME LISBONNE

A L'APPUI DE SON POURVOI

FORMÉ DEVANT LE 2e CONSEIL DE REVISION DE LA 1re DIVISION MILITAIRE

CONTRE UN JUGEMENT DU 6° CONSEIL DE GUERRE

QUI L'A CONDAMNÉ A LA PEINE DE MORT

Adhésion de M. Ad. CREMIEUX

PARIS

IMPRIMERIE A.-E. ROCHETTE, 90, BOULEVARD MONTPARNASSE

1872

AVANT-PROPOS

A MES JUGES

M. le Commissaire du Gouvernement près le 6° Conseil de guerre, M. le capitaine Charrière, a été plus que sévère quand, dans son réquisitoire, il m'a dit sans reprendre haleine :

« Bohème ! mauvais soldat ! criminel vulgaire : incendiaire et assassin !! »

— Je suis le fils d'un soldat ayant simplement tiré au sort et qui, en six ans, gagna l'épaulette par ses bons services (1824-1831).

J'ai trente-trois ans. J'ai fait la campagne de Crimée, comme novice à bord d'un bâtiment de l'Etat.

J'ai combattu, comme soldat, en Syrie, en Italie, en Afrique.

Voilà pour le Bohème.

Pendant le siége, je fus nommé capitaine de la 1re compagnie de marche du 24e bataillon et mon colonel, un ancien officier de l'armée, M. Ch. Duval, écrivit à M. le colonel Merlin en septembre dernier.

« Lisbonne montrait un grand désir de marcher contre les Prussiens, et pendant les » sorties du bataillon à Fontenay, à Arcueil, à Buzenval, sa conduite a été celle d'un » soldat brave et intelligent. »

» Pendant le bombardement du fort de Montrouge, Lisbonne *a fait son service aux*
tranchées d'une manière *remarquable*. A la suite d'une reconnaissance que je fis *vers*
Bagneux, je signalai *sa belle conduite dans mon rapport à M. le général Corréard.*

» A Buzenval il a marché a l'ennemi a la tête de sa compagnie avec beaucoup de
» vigueur, et il a pris sa bonne part du combat.

» Je ne l'ai jamais vu en état d'ivresse. »

Voilà pour le mauvais soldat !

En 1860, j'étais au 3ᵉ zouaves en entrant au régiment. J'avais 21 ans, les camarades
me dirent : « Ici on s'amuse mais on n'a pas peur. »

Le feu prit à la poudrière du Thagarin, à Alger ; je montrai que je n'avais pas oublié
la devise du régiment : Pendant quatre heures je luttai au poste le plus périlleux et je
fus porté à l'ordre du jour de l'armée d'Afrique.

Plus tard, en 1863, je commis la faute de m'absenter trois fois de suite pour jouer
la comédie dans la banlieue d'Alger — c'était déjà ma maladie. — Mon colonel m'envoya
pour cette incartade dans la 1ʳᵉ compagnie de discipline ; il avait raison, mais il savait
aussi que je n'y resterais pas longtemps. En effet, un incendie ayant éclaté à Orléans-
ville, je me distinguai encore assez pour être renvoyé immédiatement à mon corps.

Voilà pour l'incendiaire.

Le 23 mai 1871, je logeais dans un hôtel tenu par M. Thomas, place du Panthéon,
quand des gardes nationaux firent irruption. Il y avait, disait-il, un espion caché dans la
maison ; il fallait le fusiller.

On fit perquisition et l'on trouva en effet, blotti dans les combles, un homme transi
de peur. Interrogé sur sa qualité, il déclara d'abord être attaché à l'Ambassade Chinoise ,
en fin de compte, il dut m'avouer être *employé*. Je le fis immédiatement libre, en l'en-
gageant à aller exercer son *emploi* ailleurs.

Trois fois on me le ramena pour le fusiller.

Trois fois je le dégageai, et en dernier lieu je dus menacer ceux qui le ramenaient
de m'en prendre à eux s'ils commettaient un acte de violence.

Cet homme existe ; il a reconnu tous les faits ; son nom, son adresse se trouvent
consignés dans mon dossier, et si je ne le nomme pas ici, c'est par discrétion : il est
établi marchand de vin, et la publicité pourrait lui faire du tort.

Ce n'est pas tout.

Je disais toujours à mes juges instructeurs : je ne puis répondre à des articulations vagues de meurtre ; mais la preuve que je n'ai jamais été un assassin la voici :

Le 24 MAI 1871, précisément à l'heure à laquelle on prétendait que j'étais rue Vavin, on m'amena un prisonnier fait dans le cimetière Montparnasse ; un de ceux qui l'escortaient était porteur de ce mot : « Ordre de fusiller sur le champ. » Le prisonnier était un sergent-major de l'armée, je ne sais ni son nom, ni le numéro de son régiment ; qu'on le cherche (la chose doit être facile), et il vous dira que quand il m'adressa cette parole : « Je suis prêt à mourir, » je lui demandai s'il se moquait de moi, — que je me battais, mais que je ne fusillais jamais ; et après lui avoir fait prendre un potage, — car il tombait de fatigue, — je l'engageai à disparaître par la voie la plus rapide et la plus sûre à son choix.

Aucune recherche n'a été faite, et je suis arrivé devant le 6ᵉ Conseil de guerre, sans qu'on ait voulu m'écouter.

Aujourd'hui, la rumeur publique m'a appris que le sergent avait parlé de l'acte simplement honnête que j'avais accompli, qu'il s'était fait connaître : voici donc son nom :

Felix LAFON

sergent-major au 30ᵉ de ligne, élève de l'École des Beaux-Arts

J'espère, cette fois, que l'Administration militaire voudra bien l'interroger. Aucun des miens ne l'a vu.

Ce n'est pas tout encore.

Quand je suis passé devant la 6ᵉ Conseil de guerre, un M. Lebourdais, architecte-vérificateur, demeurant à Paris, rue du Temple, 81, avait appris la nouvelle en lisant la *République française*. Le 2ᵉ jour, il accourait à l'audience : je veux parler aux juges, disait-il ; arrêté à Issy dans les derniers jours de l'insurrection, et prêt à être passé par les armes, M. Lisbonne m'a sauvé la vie.

Le Conseil délibérait, M. Lebourdais fit alors passer une note dans la chambre des délibérations avec pièces à l'appui.

Je remercie ici M. Lebourdais ; je n'ai pu le faire à l'audience, puisque j'étais retiré, et attendais mon sort.

Voilà pour l'assassin.

PROPOSITION

La triple démonstration que je me propose de faire est celle-ci :

1° Les formes édictées par la loi à peine de nullité ont été méconnues dans la procédure nouvelle suivie contre Maxime Lisbonne, et le jugement du 6ᵉ Conseil de guerre qui l'a condamné à la peine de mort, est sujet à révision pour violation des art. 99, 108, 142 et 170 du Code militaire.

2° Le jugement sus-relaté est encore sujet à révision pour violation du § 3 de l'art. 74 du Code militaire.

3° Enfin, le même jugement est encore sujet à révision pour violation des art. 112 et 109 du Code militaire, exclusif pour les présidents de Conseils de guerre, de poser, comme les présidents d'assises, des questions subsidiaires résultant des débats

EXPOSITION

I

Lisbonne avait été compris parmi les principaux accusés qui, les premiers furent renvoyés devant le 3ᵉ Conseil de guerre, présidé par l'honorable colonel Merlin.

Quand, à cette époque, Lisbonne, fut cité devant ses juges ; il y avait contre lui cinq témoins à charge :

MM. Henon, Billiard, Lassus, Eyraud, Paran.

Les débats étaient en cours lorsque, le 9 août, le 3ᵉ Conseil de guerre rendit le jugement dont suit la teneur :

Le 3ᵉ Conseil de guerre de la première division militaire, séant à Versailles, dans sa séance du sept août mil huit cent soixante-onze.

Ouï le Commissaire de la République en ses réquisitions et le Défenseur en ses observations et conclusions,

Le Conseil,

Vu le certificat de M. le médecin en chef de l'hôpital militaire, constatant que l'accusé Lisbonne est dans l'impossibilité absolue de comparaître à l'audience de ce jour

Attendu que l'absence de cet accusé ne peut en rien préjudicier aux débats ,

Déclare, à l'unanimité, qu'il sera passé outre au jugement des co-accusés de Lisbonne,

Dit que ce dernier comparaîtra à une audience qui sera ultérieurement fixée par M. le général commandant la division.

Le 21 *novembre* 1871 — M. le général commandant la première division militaire renvoyait, à nouveau, Maxime Lisbonne devant les juges du 3ᵉ Conseil pour l'audience du 4 décembre.

Alors il n'y avait plus cinq témoins à charge, mais TRENTE-SEPT ! ! !

De nouveaux articles de lois étaient visés, le Parquet militaire enfin avait fait une instruction supplémentaire, sans ordre même du général commandant.

Au début de l'audience, le défenseur de Maxime Lisbonne développa des conclusions aux termes desquelles il demandait au Conseil d'écarter du débat tous les actes de procédure d'une date postérieure à l'ordonnance de mise en jugement du 29 juillet 1871, et les chefs nouveaux relevés dans le nouvel ordre de mise en ugement.

Le Commissaire du Gouvernement combattit lesdites conclusions et requit qu'il plut au Conseil passer outre aux débats ;

Le 3ᵉ Conseil rendit ensuite le jugement incident sui vant :

Le Conseil, délibérant à huis-clos, et statuant sur les conclusions du défenseur,

« Attendu que l'affaire de l'accusé Lisbonne a, en effet, été disjointe de celle
» des chefs de la Commune, par jugement du 7 août, en raison de l'état de santé
» du susnommé ;

» Attendu que depuis cette remise de l'affaire, DES PIÈCES *nouv elles, ont été*
» *produites et jointes au dossier ;*

» MAIS, attendu que ces pièces sont de nature à éclairer les débats et la
» conscience des juges,

» Le Conseil, à l'unanimité, déclare que ces pièces nouvelles produites *reste-*
» *ront jointes* et feront partie intégrante du dossier de la procédure, et passe outre
» aux débats. »

II

Lisbonne se pourvut en révision. Le 2ᵉ Conseil présidé par M. le général Oudinot, statua comme suit :

« Sur les conclusions posées par la défense, tendant à l'annulation du juge-
» ment susrelaté ;

» Et se basant : 1° sur la violation des articles 99, 108, 10J du Code de justice
» militaire ; 2° sur la violation du paragraphe 5 de l'art. 74 du même Code,

» Sur le premier moyen :

» Attendu que le 17 juillet 1871, le général commandant la 1ʳᵉ division mili-
» taire a prescrit d'informer con're le nommé Lisbonne (Maxime), comme ayant
» pris une part active à l'insurrection parisienne ;

» Attendu qu'à la suite de cette information, il est ressorti des conclusions de
» M. le Commissaire du Gouvernement, en date du 23 juillet 1871, que le nommé
» Lisbonne (Maxime) était accusé de s'être rendu coupable d'attentat contre le
» Gouvernement ; d'excitation à la guerre civile ; d'avoir fait lever des troupes
» armées sans ordre ni autorisation du pouvoir légitime ; de complicité d'incendie
» d'édifices appartenant à l'État, et de lieux habités ; d'usurpation de titres et de
» fonctions publiques ; d'arrestations arbitraires ; en conséquence de quoi un pre-
» mier ordre de mise en jugément relevant ces faits a été rendu le 29 juillet 1871 ;

» Attendu que, par suite de la maladie dûment constatée de Lisbonne, un
» jugement incident en date du 7 août 1871 *a disjoint* son affaire de celle de ses
» coaccusés ;

» Attendu que, par suite de cette disjonction, l'ordre de mise en jugement du
» 29 juillet 1871 s'est trouvé annulé en ce qui concerne Lisbonne ; que, dès lors,
» l'instruction *se trouvait replacée en l'état où elle était avant l'ordre de mise en juge-*
» *ment* susrelaté ; d'où il résulte que l'ordre d'informer en date du 17 juillet sub-
» sistait toujours *et que l'information* pouvait, *par conséquent*, continuer sans
» violation de la loi ;

» Que, d'ailleurs, l'information supplémentaire et le second ordre de mise en
» jugement qui en a été la suite *n'ont relaté aucun crime nouveau* qui n'ait été
» EXPRESSÉMENT compris dans le premier ordre de mise en jugement;

» Par ces motifs :

» Rejette, à la majorité de quatre voix contre une, le premier moyen;

» Sur le deuxième moyen :

» Attendu qu'il ressort de l'examen des pièces que le 3ᵉ Conseil de guerre a
» statué sur les conclusions prises par la défense; que, dès lors, il n'y a pas eu de
» violation du paragraphe 5 de l'article 74 du Code de justice militaire;

» Par ces motifs :

» Rejette à l'unanimité le deuxième moyen. »

Lisbonne se pourvut en cassation, mais ce pourvoi fut rejeté parce qu'il n'était
fondé, — et ne pouvait être fondé — sur aucun moyen d'incompétence.

Mais usant du bénéfice que lui confèrent les art. 441 du Code d'Instruction
criminelle et 82 du Code Militaire combinés, — M. le ministre de la Justice saisit la
Cour, tant dans l'intérêt de la loi, que dans celui du condamné et, le 15 mai 1872,
elle rendit l'arrêt dont voici la teneur;

» La Cour — faisant droit au pourvoi :

» Casse et annule, tant dans l'intérêt de la loi, que dans l'intérêt du condamné : —
» 1⁰ Les deux jugements rendus par le 3ᵉ Conseil de guerre permanent de la 1ʳᵉ division
» militaire les 4 et 5 décembre 1871 ;

» 2⁰ La décision du Conseil de révision du 2 janvier 1872;

» 3⁰ Les actes de la procédure dirigés contre Lisbonne, postérieurement au
» 7 août 1871, y compris l'ordre de mise en jugement du 29 novembre de cette année;

» Et, pour être statué sur les accusations mentionnées dans l'ordre de mise en ju-
» gement *donné le 29 juillet 1871*, par le général commandant la 1ʳᵉ division militaire.

» RENVOIE LEDIT LISBONNE, EN L'ETAT OU IL SE TROUVAIT LE 7 AOUT 1871, *ainsi que les*
» *pièces de la procédure qui composaient le dossier à cette époque, devant le 6ᵉ Conseil*
» *de guerre permanent de la 1ʳᵉ division militaire séant à Versailles, à ce déterminé par*
» *une délibération en la Chambre du Conseil.* »

DISCUSSION

§ I

Le dispositif de cet arrêt est d'une clarté extrême ; la marche à suivre était bien simple; il confirmait d'ailleurs celle déjà indiquée par l'art. 170 du Code militaire, et on devait penser que sous quelques jours de sa date, Lisbonne comparaîtrait devant le 6ᵉ Conseil de guerre — en l'état où il se trouvait le 7 août 1871.

Il n'en fut rien.

Le condamné à mort attendit encore près de trois mois.

Le **8 avril**, M. le colonel Gaillard donnait avis au Commissaire du Gouvernement près le 3ᵉ Conseil de guerre, de la décision de la Cour de cassation, et prenait même soin, dans sa dépêche, de dire que Lisbonne reparaîtrait devant la Justice en l'état où il se trouvait le 7 août 1871.

Mais on chercha alors à interpréter l'arrêt de cassation, au lieu de l'exécuter, on fit une nouvelle instruction, tout en se gardant bien de signifier au condamné l'arrêt intervenu dans *son intérêt*, et celui-ci passa devant le 6ᵉ Conseil, plus chargé qu'auparavant. Il en sortit condamné de nouveau à mort; aussi revient-il devant le 2ᵉ Conseil de révision, soulevant les mêmes moyens d'annulation qu'au mois de janvier 1872 après le jugement du 3ᵉ Conseil, comme si la Cour de cassation n'avait pas rendu d'arrêt.

Mais, — dira-t-on peut-être, — cet arrêt a été exécuté ; seulement, le parquet a trouvé dans les considérants les moyens de faire revivre la procédure annulée (ce serait là ce que l'on a' pell rait un pourvoi dans l'intérêt du condamné). Le dernier considérant surtout contient cette phrase : « Sauf le droit que confère au général » commandant la division l'art. 99 du Code militaire, relativement *aux faits nou-* » *veaux.* »

Or, ce droit, le Parquet militaire l'a exercé, le général commandant a rendu le 25 avril — 35 jours après l'arrêt de cassation — un nouvel ordre d'informer

« *Sur le vu des pièces produites.* »

Je réponds : Où sont donc ces pièces constitutives de *faits nouveaux ?* Il n'en existe nulle trace au dossier. Les pièces de la procédure annulée, sans doute, que les membres du Parquet militaire, que les juges, peuvent compulser à loisir, bonnes pour tout le monde malgré l'arrêt de cassation — pour tout le monde, excepté pour la défense ? Quand, à l'audience, l'avocat s'aperçoit qu'on les invoque, que l'on prend dans les dépositions ce qui est bon pour l'attaque, et qu'il veut alors faire lire ce qui est bon pour la défense, le Commissaire du gouvernement pose la main sur le dossier scellé, et dit ces seuls mots · *Procédure annulée !* Alors, les témoins de cette fameuse procédure défilent à nouveau devant le Conseil, mais il est impossible de faire constater les contradictions commises, ainsi que la loi en donne l'autorisation.

Au résumé : ce n'est pas l'arrêt de cassation que l'on exécute, mais le jugement rendu par le 3e Conseil de guerre, le 4 décembre 1871 : les pièces annulées restent jointes au dossi r, *en font partie intégrante* pour éclairer la conscience des juges ; quant à la défense, elle n'a rien à y voir.

Voilà pour le fait , le conseil de révision appréciera.

Quant au droit, il y a dans tout ceci une erreur capitale.

Monsieur le ministre de la justice, dans sa lettre au Procureur général près la Cour de cassation disait :

« Il suffit de jeter les yeux sur les textes pour reconnaître que le Général
» commandant la division est juge souverain de l'opportunité de la poursuite que
» seul il peut l'ordonner, que lorsqu'il a requis l'information et que cette informa-
» tion est terminée, c'est encore à lui qu'il appartient de décider si l'inculpé doit ou
» non être traduit devant un conseil de guerre ; *quand il a rendu l'ordre de mise en*
» *jugement, son œuvre, comme celle du rapporteur est terminée. La procédure qui a*
» *traversé jusque là ses deux premières phases, l'instruction et la mise en jugement, est*
» *entrée dans sa troisième et dernière phrase : l'examen et le jugement.* »

Monsieur le Ministre prenait la peine de faire de main de maître, dans ce pas-sage, l'histoire de la loi.

Lors de la discussion de la loi de 1857 au Corps législatif, l'étendue des pouvoirs attribués au général commandant la division, rencontra de vives résistances tant dans le sein de la Commission que devant le Corps législatif, la responsabilité du général paraissait trop grande, mais l'objection fut écartée , les rapporteurs de la loi ayant déclaré — avec l'approbation du Corps législatif, que le commandant n'avait en réalité d'autre pouvoir que celui que le Code d Instruction criminelle donne en matière ordinaire aux *Chambres d'accusation.*

Or, une Chambre d'accusation peut ordonner des suppléments d'instruction pour des faits nouveaux, basés soit sur une plainte, soit sur des dépositions de témoins qui lui étaient inconnues, mais c'est à la condition qu'il n'y a pas eu désaisissement de sa part, par un arrêt de renvoi en cours d'assises ; une fois celui-ci rendu la juridiction de la Chambre d'accusation est épuisée et les juges du fond valablement saisis doivent désormais statuer seuls sur l'affaire dont la connaissance leur est déférée.

L'arrêt de Cassation réserve le droit du général commandant pour *faits nouveaux* c'est très juste, mais il ne faut pas chercher dans les considérants la marche à suivre, il faut lire simplement le Code militaire, arrêt 142, qui se trouve en parfait accord avec le Code d'Instruction criminelle en consacrant le desaisissement du général commandant, et en indiquant les moyens de faire revivre l'art. 99, du Code militaire.

Voici la teneur de cet article placé sous la 3ᵉ phase · l'examen et le jugement.

« Lorsqu'il résulte, soit des pièces produites, soit des dépositions des témoins » entendus dans les débats, que l'accusé peut être poursuivi par d'autres crimes » ou *délits* que ceux qui ont fait l'objet de l'accusation, le conseil de guerre, après » le prononcé du jugement, renvoie, sur les réquisitions du commissaire du Gou- » vernement, ou même d'office, *le condamné au général qui a donné l'ordre de mise* » *en jugement*, pour être procédé, s'il y a lieu, à l'instruction. S'il y a eu condam- » nation, il est sursis à l'exécution du jugement.

» *S'il y a eu acquittement ou absolution*, le Conseil de guerre ordonne que l'accusé » demeure en état d'arrestation jusqu'à ce qu'il ait été statué sur les faits nouvel- » lement découverts. »

Et le législateur en édictant de la sorte a été d'une sagesse extrême ; les présidents des Conseils de guerre n'ayant pas comme les Présidents d'assises le droit de poser des questions subsidiaires résultant des débats : nous allons dans un instant soulever cette thèse que le parquet militaire a encore méconnue ; une première infraction à la loi en amène immédiatement une seconde, puis une troisième : en procédure tout s'enchaîne.

§ II

Cette persistance du Parquet militaire à trouver dans les considérants de l'arrêt de Cassation, dans la lettre du Ministre de la justice, les moyens de faire revivre une procédure nulle, a produit un résultat lamentable lequel, s'il était maintenu, ferait considérer comme dérision amère la déclaration que le pourvoi fut admis tant dans l'intérêt de la loi que *dans celui du condamné*.

Le 2ᵉ Conseil de révision, dans son arrêt du 2 janvier 1872, avait déclaré :

« Que, d'ailleurs, l'information supplémentaire et le second ordre de mise en
» jugement qui en a été la suite *n'ont relevé aucun crime nouveau* qui n'ait été
» EXPRESSÉMENT compris dans le premier ordre de mise en jugement. »

M. le Ministre de le justice, relevant ce libellé, s'exprimait de la sorte :

» L'ordre de mise en jugement du 29 novembre auquel a abouti l'instruction
» faite au mépris des dépositions formelles de l'art. 99 a, d'une part, supprimé des
» chefs d'accusation mentionnés dans celui du 29 juillet, tels que celui de com-
» plicité d'assassinat, et, d'autre part, il en a relevé de nouveaux, parmi lesquels
» celui d'embauchage, puni par l'art. 208 du Code de justice militaire, de la
» peine de mort. »

Que fait alors le Parquet militaire, procédant à nouveau après l'arrêt de cassation ?

Il maintient le texte de la loi pénale sur la complicité d'assassinat ; mais comme le premier acte d'accusation, ne contenait aucun fait auquel on pût adapter le texte, il refait dans le second acte d'accusation dressé après le nouvel ordre d'in-former en date du 25 avril 1872, un récit qui puisse permettre de poser la question d'assassinat.

Il se sert des mêmes témoins qui, dans la procédure annulée par l'arrêt de cassation, avaient paru cependant, à une première audition, ne pouvoir consti-tuer le crime de complicité d'assassinat ; et à la dernière heure, l'accusé et son défenseur entendent en même temps que la condamnation les questions suivantes intercalées dans le jugement :

» **16ᵉ Question**. — Est-il constant *que des criminels restés inconnus se sont*
» *rendus coupables d'homicide commis volontairement*
» *dans la cour du séminaire d'Issy, l'un des premiers*
» *jours* du mois d'avril, à *minuit*, sur la personne
» d'un individu *dont l'identité n'a pu être constatée ?*

» **17ᵉ Question**. — Le meurtre a-t-il été commis avec préméditation ?

» **18ᵉ Question**. — Le nommé Lisbonne est-il coupable de s'être rendu
» complice de l'assassinat déterminé et spécifié dans
» les 16ᵉ et 17 questions, pour avoir, *avec connais-*
» *sance, aidé* ou assisté les auteurs de l'action dans
» les faits qui l'ont préparée ou facilitée ?

» **19ᵉ Question**. — Est-il *constant que des criminels restés inconnus* se sont
» rendus coupables d'homicide commis volontaire-
» ment dans la cour du séminaire d'Issy, *un jour du*
» *mois d'avril* 1871, à deux heures de l'après-midi,
» sur la personne d'un *individu dont* l'identité *n'a* pu
» être constatée ?

» **20ᵉ Question**. — Ce meurtre a-t-il été commis avec préméditation ?

» **21ᵉ Question**. — Le nommé Lisbonne est-il coupable de s'être rendu
» complice de l'assassinat déterminé et spécifié dans
» les 19ᵉ et 20ᵉ questions, pour avoir, avec connais-
» sance, aidé ou assisté les auteurs de l'action dans
» les faits qui l'ont préparée ou facilitée ? »

Il a été répondu affirmativement à l'unanimité sur toutes ces questions.

Je maintiens qu'une décision pareille, rendue par sept hommes dont l'honora-
bilité est incontestable et incontestée, est le résultat de l'erreur, que les juges se
sont égarés dans toutes les procédures qui ont été faites, que les dates se sont
mêlées, qu'enfin, et surtout les questions posées comme on vient de le voir sont
dépourvues de l'élément constitutif de criminalité en ce qui concerne Lisbonne

Quels jours ont été commis les assassinats dans la cour du séminaire d'Issy ?

Voilà ce qu'il fallait indiquer.

Etait-il constant que ces jours-là Lisbonne fût au moins présent à Issy ?

3

Tel est le fait, l'élément constitutif de la criminalité vis-à-vis de Lisbonne, qui seul peut servir de lien avec le fait constant de l'assassinat des deux individus fusillés dans la cour du séminaire. Sans cela, avec des questions posées de la façon sus-indiquée, on peut condamner à mort pour crime d'assassinat tous ceux qui, de près ou de loin, ont exercé un commandement sous la Commune.

Il est donc établi que, par suite de la confusion établie dans les procédures, le sixième Conseil a encore violé le § 3 de l'article 74 du Code militaire, en édictant une pénalité contre Lisbonne sur des faits non constants à son égard.

Le 6ᵉ Conseil pouvait-il indiquer les dates des assassinats ?

Oui.

Les faits ont été précisés dans l'instruction et à l'audience, et voici la lettre que M. le supérieur du séminaire d'Issy, un prêtre courageux, vient d'adresser à cet effet à madame Lisbonne.

« *Séminaire d'Issy, le 29 juin 1872,*

« *Madame,*

« *Je ne fais aucune difficulté de vous écrire* ce que j'ai déposé *devant le Conseil de* » *guerre*, sous la foi du serment. *Nous avons vécu, mes collègues et moi, au milieu des* » *hommes de la Commune, depuis le 3 avril 1871, jusqu'au 1ᵉʳ mai. A cette dernière* » *date, nous avons cessé de les voir et de nous montrer à eux, restant cachés dans nos* » *caves, où les domestiques du séminaire nous portaient à manger. C'est le 9 mai que,* » *l'armée étant arrivée, nous avons pu partir. Dans cet intervalle de cinq semaines, du* » *3 avril au 9 mai, nous avons vu se succéder comme chefs sous différents titres :* » *1º Eudes, qui signait « général en chef », puis général « commandant les forts du* » *Sud » ; resté du 3 avril au 11 du même mois ; 2º Ferrat, qu'on appelait « comman-* » *dant de place », et qui, en effet, ne sortait guère. Nous avions en même temps un gros* » *colonel Josselin, très-brutal en paroles, qui ne s'occupait que des opérations de guerre.* » *Cela a duré du 11 au 22 ; c'est alors aussi qu'on a commencé à parler du colonel* » *Lisbonne ; 3º Ferrat et Josselin ont été disgraciés, et remplacés par un colonel Brunel,* » *qui n'a fait que passer, et presque aussitôt par Wetzel, qu'on appelait antôt colonel et* » *tantôt général. Ce dernier a été tué le 8 mai. Si votre mari a commandé en chef, ce ne* » *peut être qu'après Wetzel, et par conséquent il ne saurait être responsable des deux*

» *exécutions qui ont ensanglanté notre maison,* et dont les dates me sont parfaitement
» présentes, **7 avril** et **9 avril**, le Vendredi-Saint et le jour de Pâques.

» Vous ferez de ma lettre l'usage qu'il vous plaira.

» *J'ai l'honneur de vous saluer.*

Signé : « **E. MARÉCAL,** *prêtre,*
» *supérieur du séminaire d'Issy.* »

Ainsi les dates sont bien indiquées par celui qui, plus que tout autre, doit les
savoir : les assassinats ont été commis les 7 et 9 avril.

Eh ! bien, il résulte des pièces à conviction jointes au dossier, que Lisbonne
n'est allé à Issy pour la première fois que le 13 avril au soir. Entre autres pièces,
je citerai :

1° Une note du **7 avril**, portant les n°⁵ d'ordre 12, 72 et 23, et contenant de la
main de Lisbonne, l'état récapitulatif des gardes occupant la caserne du Prince-
Eugène ;

2° Un reçu d'une réquisition Monteux, signé Lisbonne, daté le **9 avril**, de la
caserne du Prince-Eugène. Cette pièce porte le n° 1ᵉʳ de la cote 2 ;

3° Un ordre commençant ainsi : « D'après l'ordre du général Cluseret, les
» fonctions de colonel du citoyen Lisbonne cessent du jour où les troupes par-
» tent de la caserne du Prince-Eugène..
» .... »

Cette pièce porte la date du 13 avril, jour où Lisbonne a quitté la caserne ; elle
est signée Collet et l'original est classé au Parquet militaire sous le n° 1550 *bis.*

On le voit, la déclaration de M. l'abbé Maréchal, rapprochée de ces pièces à
conviction, imposait l'obligation étroite de poser la question de la présence de
Lisbonne à Issy les 7 et 9 avril, sans quoi, les faits déclarés constants vis-à-vis de
tel ou tel autre non dénommé, ne peuvent être constants vis-à-vis de lui si un lieu
de fait ne rattache les 16ᵉ, 17ᵉ, 19ᵉ et 20ᵉ questions aux questions 18ᵉ et 21ᵉ, sem-
blant prétendre que Lisbonne est complice.

§ III

Le jugement rendu par le 6ᵉ Conseil de guerre doit enfin être annulé pour violation, sous une autre forme, de l'art. 142 du Code militaire, non par le motif que la défense n'a pas été avertie par M. le Président que les questions **9** et 38 seraient posées comme résultant des débats, formalité exigée en Cour d'assises, mais parce que le Président d'un Conseil de guerre n'a jamais le droit de poser de questions subsidiaires.

Voici ces questions :

> » **9ᵉ Question,** — résultant des débats. — Cet incendie a-t-il causé la mort
> » de deux personnes se trouvant dans les lieux in-
> » cendiés, au moment où il a éclaté ?

> » **38ᵉ Question,** — résultant des débats. — Cette séquestration du sieur
> » Salomon a-t-elle duré plus d'un mois ? »

Devant les Conseils de guerre, l'accusé est cité à la barre sur le vu des articles 108 et 111 du Code militaire ; la section 3 du chapitre premier dudit Code, art. 113 et 151, détermine les formalités à accomplir pour l'examen et le jugement.

Les articles 315, 316, 317, 318, 319, 320, 321, 322, 323, 324, 325, 326, 327, 328, 329, 330, 331, 332, 333, 334, 335 du Code d'instruction criminelle dont les dispositions sont observées devant les Conseils de guerre, sont spécialement visés sous l'article 128 du Code militaire.

L'article 132 du même Code fixe, expressément, l'ordre suivant lequel le président d'un Conseil de guerre doit poser les questions.

Enfin l'article 142 indique nettement que le président ne peut sortir des limites de l'ordre de mise en jugement rendu par le général commandant la division.

Les dispositions de cet article sont précises, indiscutables.

Cependant il est arrivé dans ces derniers temps que les présidents des Conseils de guerre de l'état de siége, se méprenant sur leurs prérogatives, se sont cru le droit de poser des questions subsidiaires comme résultant des débats, tout comme de véritables présidents d'assises, agissant conformément à l'article 338 du Code d'instruction criminelle.

Les *défenseurs* ont le devoir impérieux de se taire sur cette infraction formelle à la *procédure*, quand par suite de la question subsidiaire la pénalité est infime et se réduit à quelques jours de prison, quand par exemple un capitaine de la garde nationale fédérée, est à la faveur d'un subsidiaire augmenté de circonstances a'ténuantes, condamné légèrement pour immixtion dans des fonctions militaires ; et, à la rigueur, on p. urrait prétendre qu'il y a dans l'espèce citée un délit continu ou *successif* dont toutes les phases sont contenues dans l'ordre de jugement ; mais, il en est tout autrement quand, .comme pour lè cas de Lisbonne, un Conseil de guerre posant une question subsidiaire, aggrave la situation de l'accusé.

Quel étrange abus, que celui d'un président de Conseil de guerre s'arrogeant les prérogatives réservées au président d'assises, par l'art. 338 du Code d'Instruction criminelle !

C'est une atteinte directe portée à cette magistrature si haute, si noble, si respectée de Président de nos assises, qui rappelle la préture de l'ancienne Rome ; le Président des assises représente la loi dans toute sa magnificence, il dirige les débats, interprète le texte, l'explique au besoin, l'applique enfin, tout en restant étranger *au vote* sur la matérialité du fait incriminé.

Le Président d'un Conseil de guerre, au contraire, en posant une question subsidiaire, n'indique pas seulement l'opinion qui lui appartient, il l'appuie encore de son oui.

La différence, on le voit, est palpable, or c'est pour cela, que par dérogation au Code d'Instruction criminelle, l'art. 142 a été insérée dans le Code militaire.

Cette règle a été maintes fois appliquée par les Conseils de révision, et je ne parlerai ici que des cas qui me sont de pratique personnelle.

Premier cas

Adolphe Bertin était traduit devant le 5e Conseil de guerre pour arrestations arbitraires.

Le curé de Plaisance vient déclarer à l'audience que son arres'ation avait duré plus d'un mios.

Le Président posa alors la question subsidiaire : « La séquestration a-t-elle duré plus d'un mois ?

— C'est notre question 38.

Le Conseil condamna Bertin aux travaux forcés à perpétuité.

Il se pourvut en révision, et D'OFFICE à la requête du commissaire du gouvernement, le jugement fut *cassé*.

Bertin reparut devant le 3ᵉ Conseil, et ne fut plus condamné qu'à dix ans de travaux forcés.

On peut vérifier aux archives.

Deuxième cas

Mirgier de Turgina était cité, le 6 mars dernier, devant le cinquième Conseil de guerre, sous la prévention d'avoir, en 1871 à Paris, participé par complicité : 1° à des arrestations illégales et séquestrations de personnes avec menaces de mort et tortures corporelles ; 2° à des incendies d'édifices et de lieux habités ; 3° à l'assassinat du sieur Herron Arthur (crimes prévus par les articles 59, 60, 341, 344, 434, 296 et 302 du Code pénal.)

A l'audience et après les dépositions de tous les témoins, il semblait résulter que Mirgier était présent au moment de l'assassinat, mais comme en droit criminel il serait extraordinaire de soutenir que la présence sur le lieu d'un crime suffit pour établir une complicité et que, d'une autre part, il était évident que Mirgier était un insurgé ayant pris part à la lutte armée, le défenseur déposa des conclusions pour que la question d'insurrection tombant sous l'application de l'article 96 du Code pénal, fut posée en même temps que celle d'assassinat, parce qu'il résultait nécessairement de l'ordre d'informer du général que le crime d'assassinat n'était en réalité qu'une circonstance aggravante du crime d'insurrection.

Le 8 mars 1872, le cinquième Conseil de guerre, présidé par M. le lieutenant-colonel Donat, a repoussé les conclusions, se fondant sur le texte précis de l'article 142 du Code militaire, qui interdit au Président la faculté des questions subsidiaires.

Mirgier condamné à dix ans de travaux forcés, s'est pourvu.

Le deuxième Conseil de révision, a consacré la décision du cinquième Conseil.

Ainsi le 1er et le 2e Conseil de révision sont d'accord sur ce point : impossibilité pour le président d'un Conseil de guerre de poser des questions subsidiaires.

Je dirai plus, ils ont l'approbation, la sanction de la Cour de cassation, qui vient tout récemment de juger implicitement la question.

Voici dans quelles circonstances :

Franquin avait été condamné à cinq ans de prison par le 3e Conseil de guerre, sur une question subsidiaire posée comme résultant des débats ; ils se pourvut en révision, mais par suite d'un malentendu regrettable — je me sers ici des expressions de M. le colonel Gaillard — il ne fut pas averti du jour où venait son affaire ; il ne put donc soulever le moyen tiré de la violation de l'art. 142 du Code militaire.

Il se pourvut alors en cassation, et la Cour décida que :

Attendu que Colinia et Franquin, imprimeur lithographe, a été traduit en vertu d'un ordre de mise en jugement régulier, devant le 3e Canseil de guerre de la 1re division militaire, comme inculpé, exclusivement, « d'avoir, en 1870, à Paris, « dans un mouvement insurrectionnel exercé des fonctions dans des bandes » armées pour faire attaque ou résistance envers la force publique agissant contre » lesdites bandes et qu'il a été acquitté de ce chef de prévention ;

Attendu que le Président a posé, comme résultant des débats, la question de savoir « si l'accusé n'était pas, tout au moins, coupable de s'être dans les mêmes » circonstances, et au même lieu, en qualité de membres de la Commission muni- » cipale du 4e arrondissement, immiscé, sans titres, dans des fonctions publiques » civiles, » et que sur la réponse affirmative du Conseil de guerre, il a été con- damné à 5 ans de prison, par application de l'art. 25 du Code pénal ordinaire;

Attendu que si cette manière de procéder était irrégulière et constituait une violation des formes prescrites par les art. 109 et 142 du Code de justice militaire, il n'en résul- tait, toutefois, qu'une nullité de procédure exclusivement proposable devant le Conseil de révision :

Qu'en effet, le délit relevé contre [l'accusé, au cours des débats rentrait à raison des circonstances dans lesquelles il avait été commis, dans la classe des faits attentatoires à l'ordre et à la paix publique, dont les tribunaux militaires peuvent, aux termes de l'art. 8 de la loi du 9 août 1849, être saisis, sous l'état de siége, quelle que soit la qualité des auteurs principaux et des complices ; — que le Conseil de guerre était donc compétent pour connaître du fait incriminé, et que s'il a violé les règles de la procédure en statuant sur un chef d'inculpation non compris dans l'ordre de mise en jugement, il n'a point excédé les limites de sa compétence ;

Et, attendu que, si le demandeur est aux termes de l'art. 81 du Code de jus-

Rejette le pourvoi de Franquin.

— Audience du 22 juin M. Faustin Hélie, Président, M. Robert de Chennevières, conseiller-rapporteur. M. Babinet, avocat-général, conclusions conformes. Plaidant M. Monod, avocat.

En conséquence de tout ce qui précède, j'ai l'honneur de prendre pour Lisbonne devant le 2ᵉ conseil de révision les conclusions suivantes :

CONCLUSIONS

Il plaira au Conseil :

Sur le 1ᵉʳ moyen

Attendu :

Que suivant jugement du 3ᵉ Conseil en date du 5 décembre 1871, Lisbonne avait été condamné à la peine de mort ; que le pourvoi qu'il en avait formé devant le Conseil de révision avait été rejeté ; que le pourvoi en cassation à sa requête avait été également rejeté ; mais que sur l'initiative du ministre de la justice agissant en vertu de l'art. 441 du Code d'instruction criminel, la Cour de cassation avait été appelée à examiner l'affaire, et que sur son examen, la Cour, par arrêt en date du 15 mars, avait cassé les décisions du 3ᵉ Conseil de guerre et du 2ᵉ Conseil de révision et les avait annulées tant dans l'intérêt *de la loi que dans celui du condamné;*

Attendu que cet arrêt dispose ainsi :

» Renvoie Lisbonne en l'état où it se trouvait le 7 août 1871, ainsi que les
» pièces de la procédure qui composaient le dossier à cette époque, devant le
» 7ᵉ Conseil de guerre permanent de la 1ʳᵉ division militaire, séant à Versailles, à
» ce déterminé par une délibération en la chambre du Conseil; »

Attendu que le Parquet militaire, malgré cette décision formelle, a repris le dossier et refait une nouvelle procédure qui a duré plus de deux mois;

Attendu que pour agir de la sorte, il s'est sans doute autorisé d'une phrase incidente contenue dans les considérants de l'arrêt, celle-ci :

« Sauf le droit que confère au général commandant la division. l'art. 99 du Code militaire, relativement aux *faits nouveaux;* »

Attendu qu'il y a là, de la part du Parquet militaire, une interprétation erronnée de l'arrêt et une confusion évidente du droit;

Attendu, en effet, que quand le général commandant la division a rendu l'ordre de mise en jugement, son œuvre est terminée, que le Conseil de guerre saisi es seul admis à exercer son action déterminée par la section du Code militaire placée sous la rubrique : l'Examen et le jugement,

Attendu que le droit réservé par l'art. 99 du Code militaire au général commandant peut revivre, il est vrai, mais que l'art. 142 du même Code déterminé les circonstances dans lesquelles ce fait a lieu : c'est quand il résulte des dépositions des témoins entendus à l'audience soit directement, soit en vertu du pouvoir discrétionnaire, que dos faits nouveaux tombent à la charge de l'accusé, et que le président, statuant sur les faits indiqués dans le premier ordre de renvoi, seul valable, et sur le vu de la première procédure, seule maintenue, a requis un nouve ordre d'informer sur les faits apparus nouveaux;

Attendu que la Coûr de Cassation n'était saisie que du fait de nullité entachant la procédure sur laquelle avait statué le 3ᵉ Conseil de guerre et qu'elle se fût bien gardée d'indiquer les moyens de faire revivre ce qui dans le principe était entaché d'ùn vice radical ;

Attendu que le Parquet militaire, en procédant comme il l'a fait dans l'espèce, a méconnu l'esprit et la lettre de l'arrêt de Cassation; qu'il a de nouveau violé les art. 142 et 170 du Code militaire ;

Sur le 2ᵐᵉ moyen

Attendu que les quèstions 16, 17, 19 et 20 du juge ment attaqué, peuvent parfaitement établir des faits constants, mais que les questions 18 et 21, correspondantes à celles précédentes, n'établissent en fait aucun lien qui puisse permettre de faire l'application de la peine réservée à Lisbonne, auteur ou complice des faits constants,

Qu'il résulte des débats et de l'instruction, que les dates des assassinats commis dans la cour du séminaire d'Issy étaient celles du 7 et du 9 avril;

Qu'il résulte en outre, des pièces de conviction, la preuve matérielle que les 7 et 9 avril Lisbonne n'était pas à Issy et n y exerçait, par conséquent, aucun commandement, et que de ce dernier chef une question eût dû être posée,

Qu'il y a donc en l'espèce violation du § 3 de l'art. 74 du Code militaire,

Sur le 3ᵉ moyen :

Attendu que le Président du 6ᵉ Conseil de guerre a posé des questions subsidiaires — comme résultant des débats (questions 9 et 38), qu'en agissant ainsi il a violé la lettre de l'art. 142 du Code militaire,

Par ces motifs;

Casser, annuler le jugement du 6ᵉ Conseil de guerre des 4 et 5 juin 1872,

Déclarer nuls tous les actes de procédure faits dans l'instruction complémentaire ayant commencé le 26 avril;

Dire que la question de la présence de Lisbonne à Issy les 7 et 9 avril 1871 devait être posée en même temps que celles ayant pour fin de déclarer que les assassinats accomplis lesdits jours étaient réputés constants;

Déclarer nulles les questions subsidiaires 9 et 38 ;

Dire que Lisbonne sera renvoyé devant tel autre Conseil qu'il plaira au Conseil de Révision de fixer, et que les débats seront recommencés sans avoir égard aux actes frappés de nullité.

E. C. S. J.

3 *juillet* 1872 ·

Léon BIGOT,

Avocat.

ADHÉSION

En présence des faits si bien établis dans l'exposition et du développement si juridique des moyens de droit, je donne la plus complète adhésion à ce travail de mon confrère.

Paris le 4 juillet 1872.

AD. CRÉMIEUX.

www.ingramcontent.com/pod-product-compliance
Lightning Source LLC
Chambersburg PA
CBHW051156050726
47594CB00007B/2921